THIS BOOK BELONGS TO

_____

A a

alligator

B b

bear

Cc

cat

Dd

dog

Ee

elephant

Ff

frog

G g

giraffe

Hh

hippopotamus

Ii

iguana

Jj

jellyfish

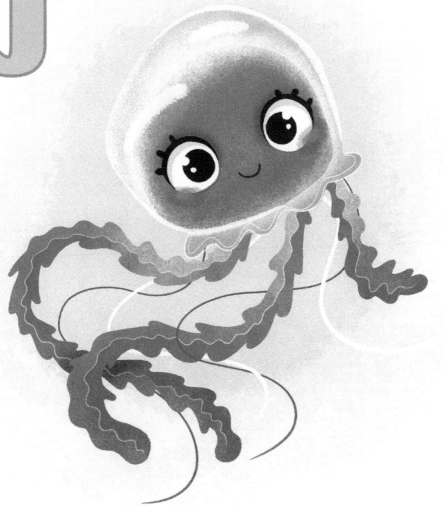

Kk

koala

Ll

lamb

Mm

monkey

N n

narwhal

Oo

octopus

P p

penguin

Q q

quail

R r

rabbit

S s

squirrel

T t

turtle

U u

urchin

Vv

vulture

W w

whale

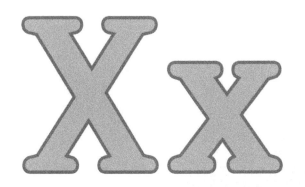

x-ray fish

Yy

yak

Z z

zebra

Aa Bb Cc Dd

Ee Ff Gg Hh

Ii Jj Kk Ll

Mm Nn Oo Pp

Qq Rr Ss Tt

Uu Vv Ww

Xx Yy Zz

Check out our other great books!

Available on Amazon.com